Míralos crecer

Mira cómo crece una banana

por Kirsten Chang

Bullfrog en español

Ideas para padres y maestros

Bullfrog Books permite a los niños practicar la lectura de texto informacional desde el nivel principiante. Las repeticiones, palabras conocidas y descripciones en las imágenes ayudan a los lectores principiantes.

Antes de leer

- Hablen acerca de las fotografías. ¿Qué representan para ellos?
- Consulten juntos el glosario de fotografías. Lean las palabras y hablen de ellas.

Durante la lectura

- Hojeen el libro y observen las fotografías. Deje que el niño haga preguntas. Muestre las descripciones en las imágenes.
- Léale el libro al niño o deje que él o ella lo lea independientemente.

Después de leer

- Anime al niño para que piense más. Pregúntele: ¿Te gusta comer bananas? ¿Puedes explicar cómo crecen?

Bullfrog Books are published by Jump!
5357 Penn Avenue South
Minneapolis, MN 55419
www.jumplibrary.com

Library of Congress Cataloging-in-Publication Data

Names: Chang, Kirsten, 1991– author.
Title: *Mira cómo crece una banana* / por Kirsten Chang.
Other titles: Watch a banana grow. Spanish
Description: Bullfrog books. | Minneapolis, MN: Jump!, [2019] | Series: Míralos crecer
Includes index. | Description based on print version record and CIP data provided by publisher; resource not viewed.
Identifiers: LCCN 2018032691 (print)
LCCN 2018037581 (ebook)
ISBN 9781641285100 (ebook)
ISBN 9781641285094 (hardcover: alk. paper)
Subjects: LCSH: Bananas—Juvenile literature.
Bananas—Life cycles—Juvenile literature.
Classification: LCC SB379.B2 (ebook)
LCC SB379.B2 C4318 2019 (print) | DDC 634/.772—dc23
LC record available at https://lccn.loc.gov/2018032691

Editor: Jenna Trnka
Designer: Michelle Sonnek
Translator: Annette Granat

Photo Credits: sikarin supphatada/Shutterstock, cover; Apollofoto/Shutterstock, 1; Artem Kutsenko/Shutterstock, 3; Oksana Klymenko/Shutterstock, 4; parasolia/Shutterstock, 5; gopause/Shutterstock, 6–7; Photo by Naynon/Shutterstock, 8; Anton-Burakov/Shutterstock, 9, 23br; natthawut ngoensanthia/Shutterstock, 10–11, 22tr, 23tl; gan chaonan/Shutterstock, 12, 22tl; Chuanchai-KOB/Shutterstock, 13, 22mr; kongkieat suraka/Shutterstock, 14–15; Naypong/Shutterstock, 16–17, 22bl, 23tm; Elizabeth Fernandez/Shutterstock, 18–19, 22br, 23bm; hanapon1002/Shutterstock, 20–21; NOKDUE/Shutterstock, 23bl; 123313711/iStock, 23tr; Maks Narodenko/Shutterstock, 24.

Printed in the United States of America at Corporate Graphics in North Mankato, Minnesota.

Tabla de contenido

Una fruta deliciosa

A Mae le encantan las bananas.

¿De dónde vienen?

Las plantas de banana crecen donde hace calor y hay humedad.

planta de banana

Necesitan mucha lluvia.

Necesitan una tierra fértil.

bulbo

Un agricultor siembra un bulbo en la tierra.

Se ponen maduras antes de venderlas.

Ahora están amarillas.

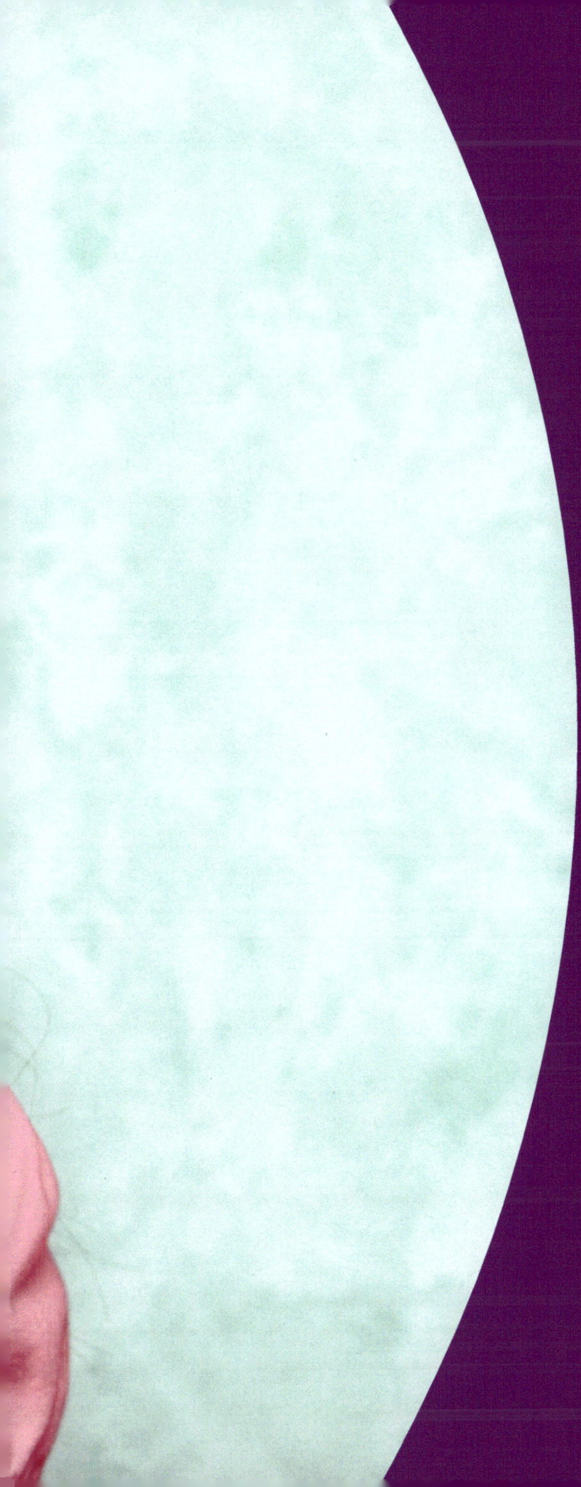

¡Mmm! ¡Disfrútala!

El ciclo de vida de una banana

¿Cómo crece una banana?

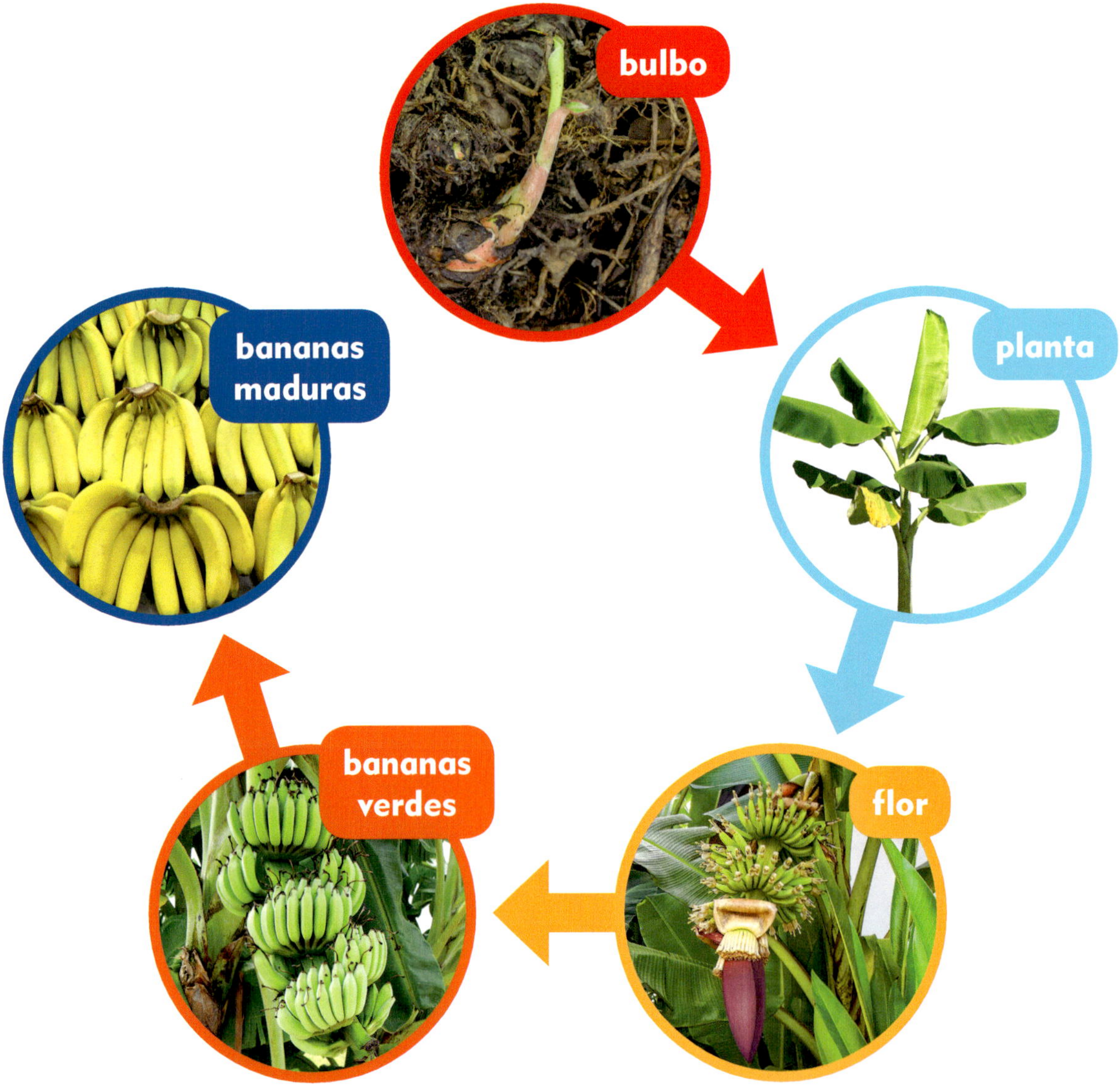

Glosario de las fotografías

bulbo
Una raíz redonda que crece hasta convertirse en una planta.

cosechar
Recoger un cultivo.

fértil
Productiva; la tierra fértil ayuda a que las plantas crezcan.

humedad
Cuando hay mucho vapor en el aire.

maduras
Que han crecido por completo y están listas para comerse.

tierra
Otra palabra para terreno.

Índice

Para aprender más

Aprender más es tan fácil como 1, 2, 3.

1) Visite www.factsurfer.com
2) Escriba "banana" en la caja de búsqueda.
3) Haga clic en el botón "Surf" para obtener una lista de sitios web.

Con factsurfer.com, más información está a solo un clic de distancia.